Gayane Tovmasyan

As principais formas de promoção do turismo de spa e resort na Arménia

Gayane Tovmasyan

As principais formas de promoção do turismo de spa e resort na Arménia

ScienciaScripts

Imprint

Cover image: www.ingimage.com

This book is a translation from the original published under ISBN 978-3-659-83338-0.

Publisher:
Sciencia Scripts
is a trademark of
Dodo Books Indian Ocean Ltd. and OmniScriptum S.R.L publishing group

120 High Road, East Finchley, London, N2 9ED, United Kingdom
Str. Armeneasca 28/1, office 1, Chisinau MD-2012, Republic of Moldova, Europe
Managing Directors: Ieva Konstantinova, Victoria Ursu
info@omniscriptum.com

Printed at: see last page
ISBN: 978-620-8-37239-2

ÍNDICE DE CONTEÚDOS

Introdução

No mundo global, ocorrem diariamente mudanças e desenvolvimentos em muitos sectores, áreas e ramos da economia. Um destes ramos é o turismo, cujo lugar e papel são significativos no sistema económico mundial, uma vez que se desenvolve rapidamente e é considerado um dos sectores mais rentáveis. O alargamento da esfera do turismo influencia outras áreas da economia devido ao efeito multiplicador do turismo.

O turismo expandiu a sua geografia; a sua indústria alargou-se graças às mudanças na procura e na oferta. Atualmente, as novas tecnologias contribuem para o crescimento da concorrência entre as organizações do sector do turismo que oferecem produtos turísticos. Atualmente, as pessoas são mais exigentes e as suas diversas necessidades devem ser satisfeitas de forma adequada. Assim, o mercado do turismo está em constante expansão devido a novos serviços e actividades. Nestas condições, todos os países enfrentam a urgência de acompanhar o progresso global do sector do turismo. Por conseguinte, é extremamente necessário analisar o mercado global do turismo, a procura e a oferta de serviços e basear-se nos seus próprios activos turísticos para se posicionar perfeitamente no mercado internacional do turismo e promover os produtos turísticos.

As chegadas de turistas internacionais atingiram 1 138 milhões em 2014, ou seja, um aumento de 4,7% em relação ao ano anterior, de acordo com o último Barómetro do Turismo Mundial da OMT[1] . No que diz respeito à República da Arménia, o turismo foi anunciado como o principal sector da economia. Nos últimos anos, o número de turistas aumentou; no total, 1.203.746 turistas visitaram a Arménia em 2014, mas em 2013 a contagem foi de apenas 1.085.985 turistas .[2]

O turismo em estâncias termais é um dos tipos de turismo mais populares que se está a expandir muito rapidamente em todo o mundo. As pessoas visitam os sanatórios e as estâncias termais para descansar e recuperar as forças vitais do corpo humano. A Arménia tem um grande potencial para a organização e o desenvolvimento do turismo de estâncias termais. Existem 10 estâncias na Arménia, todas elas com potencial para se tornarem internacionalmente conhecidas pelos seus recursos naturais de estâncias termais: água mineral, lama medicinal, relva e boas condições para a terapia climática.

---

[1] Mais de 1,1 mil milhões de turistas viajaram para o estrangeiro em 2014, UNWTO, http://media.unwto.org/press-release/2015-01- 27/over-1 1-billion-tourists-travelled-abroad-2014

[2] Socio-Economic Situation of RA, 2015, p. 1, Serviço Nacional de Estatística da República da Arménia, (em arménio), http://armstat.am/ file/article/sv_01_15a_421.pdf

Os activos são comparados com os recursos turísticos universalmente conhecidos de Karlovy Vary, Zheleznovodsk, Pyatigorsk, Vichy, etc.

Não há dúvida de que a Arménia era conhecida como um centro regional de estâncias turísticas durante o período soviético. No entanto, atualmente o número de turistas é baixo, os sanatórios não funcionam em pleno, nem todos os sanatórios oferecem boas condições e nem todas as zonas turísticas têm sanatórios. Além disso, a legislação, as estatísticas e a atividade de marketing do sector não funcionam corretamente, as possibilidades de investimento, os programas e os planos conceptuais para o desenvolvimento são reduzidos, etc.

Assim, a presente monografia tem por objetivo criar uma base teórica, prática e concetual necessária para o desenvolvimento do turismo de estâncias termais na RA, com base numa análise sistémica dos problemas existentes neste domínio.

CAPÍTULO 1. TURISMO: DEFINIÇÃO E PRINCIPAIS TIPOS

O turismo é um fenómeno global que envolve cada vez mais pessoas e é considerado uma das maiores indústrias em todo o mundo. A figura abaixo indica que o número de chegadas de turistas internacionais aumentou de 25 milhões (1950) para 1,1 mil milhões (2014). Para 2050, a previsão é de 1.874 milhões de turistas no mundo.[3]

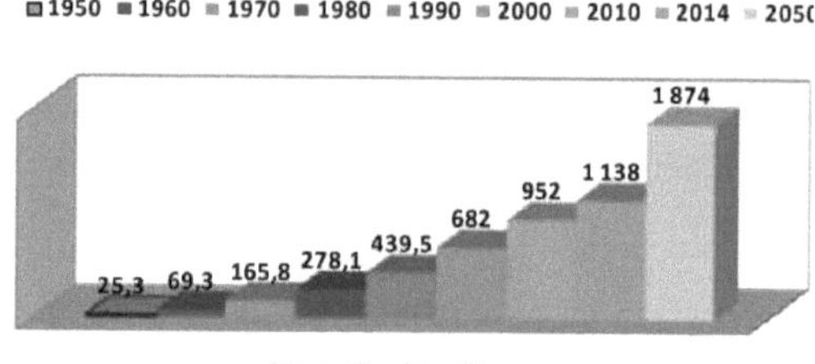

Fig. 1. Número de chegadas de turistas internacionais a nível mundial entre 1950 e 2050 (em milhões)

As principais estatísticas do sector do turismo são as seguintes

A contribuição total das Viagens e Turismo para o PIB foi de 7.580,9 mil milhões de USD (9,8% do PIB) em 2014, prevendo-se um aumento de 3,8% ao ano para 11.381,9 mil milhões de USD (10,5% do PIB) até 2025. Em 2014, a contribuição total das Viagens e Turismo para o emprego foi de 9,4% do pleno emprego, incluindo os postos de trabalho (276 845 000) indiretamente apoiados pela indústria. Prevê-se que este valor aumente 2,3% ao ano para 356 911 000 postos de trabalho até 2025 (10,7% do total). As exportações de visitantes geraram 1.383,8 mil milhões de dólares (5,7% do total das exportações) em 2014. Prevê-se que este valor cresça 4,2% ao ano para 2 140,1 mil milhões de USD até 2025 (5,6% do total). O investimento em viagens e turismo em 2014 foi de 814,4 mil milhões de USD, ou seja, 4,3% do investimento total. Deverá aumentar 4,6% ao ano nos próximos dez anos, para 1 336,4 mil milhões de USD em 2025 (4,9% do total) .[4]

O turismo continuará certamente a expandir-se também no futuro. A expansão do turismo internacional e nacional é lucrativa para os países. A Internet influenciou muito o desenvolvimento do turismo e continuará a fazê-lo no futuro. Atualmente, é

[3] Chegadas de turistas internacionais, 2014, http://stats.areppim.com/stats/stats_ita.htm
[4] WTTC Travel & Tourism Economic Impact 2015, p. 1, www.wttc.org

mais fácil encontrar qualquer informação, a qualquer momento, sobre onde ir e como organizar antecipadamente a viagem (reservas, mapas, bilhetes, etc.)

Para ilustrar a essência do turismo, é necessário observar várias explicações apresentadas por organizações internacionais e autores académicos. Assim, a definição adoptada pelas Nações Unidas em 1954 afirma que "o turismo é um repouso ativo que influencia a recuperação da saúde e o desenvolvimento físico de um corpo humano e está relacionado com viagens fora do local de residência permanente"[5] . Do mesmo modo, a Declaração de Manila sobre o Turismo Mundial foi adoptada nas Filipinas em 1980, que proclamava "O turismo é uma atividade que desempenha um papel importante na vida das nações devido ao seu impacto direto nas esferas social, cultural, educativa e económica da vida dos países e nas suas relações internacionais"[6] . Igualmente importantes são os materiais da Conferência Mundial sobre Turismo, organizada pela Organização Mundial do Turismo (OMT) em 1981, em Madrid, que definiu o turismo como um tipo de descanso ativo, uma viagem feita com o objetivo de conhecer novas regiões e países, combinando elementos de desporto em vários países.

Do mesmo modo, a literatura científica fornece numerosas abordagens. Por exemplo, P. Berneker define o turismo como um conjunto de relações e serviços associados à mudança temporária e voluntária de residência do viajante por razões não lucrativas ou não profissionais. Além disso, B. Azar formula o conceito de turismo como um grande sistema económico com uma variedade de ligações entre elementos individuais no âmbito da economia nacional e das relações da economia nacional com a economia mundial como um todo[7] . Além disso, N. Kabushkin interpreta o turismo como um sector económico que inclui actividades de organizadores de viagens e intermediários que devem ser geridos .[8]

De acordo com a lei da República da Arménia "Sobre o turismo e as actividades turísticas", o turismo compreende as actividades realizadas pelos cidadãos, que viajam com fins informativos, de recuperação, desportivos, religiosos, profissionais, empresariais, de descanso e outros, do local (país) de residência permanente para outro local (país), principalmente por um período até um ano sem interrupção .[9]

De acordo com o glossário da OMT, "o turismo é um fenómeno social, cultural e

[5] Bogolyubov, V.S., 2005, Economics of tourism, Academia publishing, p. 6 (em russo)
[6] Declaração de Manila sobre o turismo mundial, 1980, http://www.univeur.org/cuebc/downloads/PDF%20carte/65.%20Manila.PDF
[7] Bogolyubov, V.S., 2005, Economics of tourism, Academia publishing, p. 7 (em russo)
[8] Kabushkin, N.E., 1999, Gestão do Turismo, Tutorial, BGEU, p. 11 (em russo)
[9] Lei da República da Arménia "Sobre o turismo e as actividades turísticas", artigo 2.º, 2003, (em arménio)

económico que implica a deslocação de pessoas a países ou locais fora do seu ambiente habitual para fins pessoais ou empresariais/profissionais. Estas pessoas são designadas por visitantes (que podem ser turistas ou excursionistas; residentes ou não residentes) e o turismo tem a ver com as suas actividades, algumas das quais implicam despesas turísticas"'[10] .

Assim, o turismo é o tipo de atividade que sugere uma mudança temporária de domicílio para fins de descanso, recreação, cognitivos e outros; ao mesmo tempo, é um sector de serviços prestados pelas empresas turísticas para satisfazer a procura dos turistas.

Convém especificar as três formas básicas de turismo: turismo interno, turismo de entrada e turismo de saída. A sua combinação pode dar origem às seguintes formas adicionais de turismo: turismo interno, turismo nacional e turismo internacional.

- ✓ O turismo recetor compreende as actividades de um visitante não residente no país de referência no âmbito de uma viagem de turismo recetor.
- ✓ O turismo interno inclui o turismo interno e o turismo recetor, ou seja, as actividades dos visitantes residentes e não residentes no país de referência, no âmbito de viagens turísticas nacionais ou internacionais.
- ✓ O turismo internacional inclui o turismo recetor e o turismo emissor, ou seja, as actividades dos visitantes residentes fora do país de referência, quer no âmbito de viagens de turismo interno quer de turismo emissor, e as actividades dos visitantes não residentes no país de referência em viagens de turismo recetor.
- ✓ O turismo nacional inclui o turismo interno e o turismo emissor, ou seja, as actividades dos visitantes residentes dentro e fora do país de referência, quer no âmbito de viagens de turismo interno quer de turismo emissor.
- ✓ O turismo emissor compreende as actividades de um visitante residente fora do país de referência, quer como parte de uma viagem de turismo emissor, quer como parte de uma viagem de turismo interno .[11]

Igualmente importante é a despesa turística, que se refere ao montante pago pela aquisição de bens e serviços de consumo, bem como de objectos de valor para e durante as viagens.

Uma outra categoria é a indústria do turismo (também referida como actividades turísticas), que inclui actividades que normalmente produzem produtos caraterísticos

---

[10] Understanding Tourism-Basic Glossary, UNWTO, http://www.unwto.org/pdf/Understanding_Tourism-BasicGlossary_EN.pdf

[11] Understanding Tourism-Basic Glossary, UNWTO, http://www.unwto.org/pdf/Understanding_Tourism-BasicGlossary_EN.pdf

do turismo fornecidos por hotéis e restaurantes (incluindo catering), agências de viagens e serviços de operadores turísticos, guias turísticos e outros serviços relacionados[12] . (Fig.2)

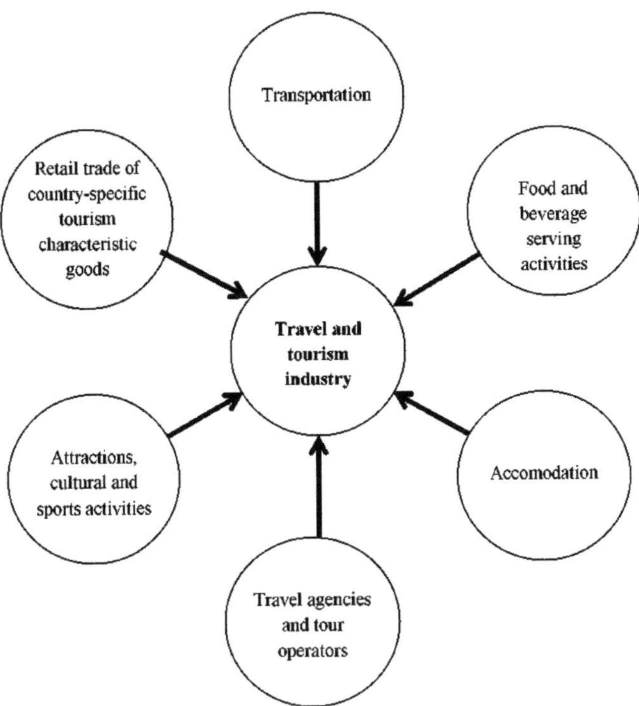

Fig. 2. Setor das viagens e do turismo

Atualmente, os principais tipos de turismo são os seguintes:

1. Turismo de lazer/férias
2. Turismo de negócios
3. Turismo cultural
4. Eco-turismo
5. Estudar turismo
6. Turismo religioso e de peregrinação
7. Turismo de estâncias termais
8. Turismo médico

---

[12] Understanding Tourism-Basic Glossary, UNWTO, http://www.unwto.org/pdf/Understanding_Tourism-BasicGlossary_EN.pdf

9. Visitas a amigos e familiares
10. Turismo agrícola
11. Turismo desportivo, etc.

Em 2014, as viagens de férias, recreio e outras formas de lazer representaram pouco mais de metade do total de chegadas de turistas internacionais (53%). Cerca de 14% dos turistas internacionais declararam viajar por motivos profissionais e de negócios e outros 27% viajaram por outros motivos, como visitas a amigos e familiares (VFR), motivos religiosos e peregrinações, tratamentos de saúde, etc. Para os restantes 6% das chegadas, o objetivo da visita não foi especificado .[13]

De um modo geral, o turismo é um sector extraordinário a nível mundial que cresce muito rapidamente. De facto, o turismo, enquanto esfera global, atrai investimentos elevados, o mercado credita a taxas elevadas e, estando ligado a outros ramos, direta ou indiretamente, resulta em alterações positivas dos indicadores de desenvolvimento.

[13] UNWTO Tourism Highlights, edição de 2015, p. 5, www.unwto.org

CAPÍTULO 2. O TURISMO TERMAL COMO UM DOS PRINCIPAIS TIPOS DE TURISMO

O bem-estar é um estado de completo bem-estar físico, mental e social. O turismo de estância termal, sendo uma parte essencial do bem-estar, é considerado o principal tipo de turismo. Pode ser caracterizado como uma saída temporária de pessoas da sua residência permanente com o objetivo de reabilitação da saúde[14] . O objetivo do turismo de estância termal é a reprodução alargada das forças físicas, intelectuais e emocionais das pessoas, a recuperação da saúde e o repouso, para o que visitam os sanatórios.

O turismo de estâncias termais tem uma história de desenvolvimento muito antiga. Os gregos e os romanos utilizavam as fontes minerais e deslocavam-se aos locais com bom clima para recuperar a saúde. thMais tarde, no século XVII, foi criada em França uma associação de estâncias que visava controlar a utilização de sanatórios e recursos termais. Nos séculos 18-19th as estâncias europeias começaram a expandir-se intensamente[15] . Atualmente, o turismo de estâncias termais desenvolve-se em muitos países europeus.

Autores académicos como Goodrich J. e Goodrich G. definiram o turismo de saúde da seguinte forma A tentativa por parte de um estabelecimento ou destino turístico de atrair turistas através da promoção deliberada dos seus serviços e instalações de cuidados de saúde, para além das suas comodidades turísticas normais". De acordo com alguns investigadores, o turismo de saúde é "todo o tipo de viagem que faz com que uma pessoa se sinta mais saudável". A prestação deste tipo de serviço exige a contratação de pessoal médico qualificado, a manutenção do equipamento de diagnóstico e terapêutico, bem como a alimentação e a nutrição, e técnicas médicas tradicionais e modernas. O Conselho de Turismo Inglês adapta a definição norte-americana de turismo de saúde, que o descreve como produtos e serviços concebidos para incentivar e permitir que os seus consumidores melhorem e mantenham a saúde através de actividades de lazer e educação relacionadas com distorções no trabalho e em casa .[16]

Mais concretamente, o turismo termal baseia-se em serviços de estâncias termais, centros termais, sanatórios e resorts.

---

[14] Vetitnev, A.M., 2006, Balneologia, Tutorial, KNORUS, p. 13 (em russo)

[15] Babkin, A., 2008, Tipos especiais de turismo, Tutorial. Rostov-Na-Donu: Pheniks, p. 42 (em russo)

[16] Szromek, A., Januszewska, M., Romaniuk, P., 2012, Demographic Phenomena and Demand for Health Tourism Services Correlated in Poland. American Journal of Tourism Management. Rosemead: Scientific & Academic Publishing, 1(1), , p. 11

Resort é um local onde as pessoas vão frequentemente ou geralmente para relaxar ou ter prazer, especialmente um local que oferece instalações de descanso e recreação para os veraneantes .[17]

Sanatório é uma instituição para o tratamento de doenças crónicas e um local de recuperação sob supervisão médica .[18]

Os spas são definidos como estabelecimentos que promovem o bem-estar através da prestação de serviços terapêuticos e outros serviços profissionais destinados a renovar o corpo, a mente e o espírito .[19]

O turismo de estâncias termais baseia-se na ciência da balneologia, que é um conjunto de todos os tipos de práticas científicas para a organização e execução do tratamento e prevenção de doenças através da utilização de recursos medicinais naturais[20] . Os quatro tipos de estâncias termais são, respetivamente

- Balneológico, cujo principal fator curativo é a água mineral natural. É recomendada para uso externo (banho) e interno (beber, inalar, etc.).
- A estância de lama está ligada aos domínios da lama medicinal (peloid). Graças aos métodos modernos e às tecnologias avançadas, a lama permite obter resultados médicos elevados, o que contribui para a crescente popularidade das estâncias de lama junto dos turistas que necessitam de cuidados médicos.
- As estâncias climáticas são tão variadas como o próprio clima. Floresta (planície), montanha, costa - cada uma delas tem uma combinação única de factores climáticos e meteorológicos (temperatura, pressão atmosférica, radiação solar, etc.), que são utilizados para fins terapêuticos e médicos.
- As estâncias de transição ocupam uma posição intermédia, uma vez que utilizam vários factores médicos naturais, como a água mineral e a lama ou o clima e a água mineral, e não podem ser classificadas em nenhum dos três tipos [21].

No que diz respeito às estatísticas, a dimensão da economia global do bem-estar era de 3,4 triliões de dólares em 2013. Dentro desta economia, a dimensão da economia dos spas foi estimada em 94 mil milhões de dólares, o turismo de bem-estar em 494 mil milhões de dólares e as fontes termais/minerais em 50 mil milhões de dólares. A

---

[17] Resort, Dicionário, http://dictionary.reference.com/browse/resort

[18] Académico, Sanatório, http://medicine.academic.ru/43078/sanatorium

[19] Cimeira GlobalWellness . (2015) Estatísticas e factos do sector. http://www.globalwellnesssummit.com/industry-resource/industry-statistics-and-facts

[20] Académico. (2004) http://dic.academic.ru/dic.nsf/dic_economic_law/7163/%D0%9A%D0%A3%D0%A0%D0%9E%D0%A0%D0%A2%D0%9D%D0%9E%D0%95#

[21] Juravleva, L.B., 2008, Health resorts and balneology basics, Sochi, p. 33-36 (em russo)

indústria dos spas está a crescer anualmente 7,7%, de 60 mil milhões de dólares (2007) para 94 mil milhões de dólares (2013). O número de spas aumenta anualmente 6,7% desde 2007 e foi estimado num total de 105.591 em 2013. Os 105.591 spas do mundo empregavam cerca de 1,9 milhões de pessoas em 2013, incluindo cerca de 1,1 milhões de terapeutas de spa e 200.000 gestores e diretores de spa. Se o sector das termas continuar a crescer ao mesmo ritmo que cresceu entre 2007 e 2013, atingirá 2,7 milhões de pessoas empregadas em termas em 2018 .[22]

Em conclusão, vale a pena sublinhar que o turismo em estâncias termais é muito popular em todo o mundo, como mostram as estatísticas. Os principais indicadores do turismo crescem de ano para ano, o que indica que é muito procurado por pessoas de diferentes idades que querem combinar o agradável com o útil e, consequentemente, visitam as estâncias termais para tratamentos de saúde, recuperação e descanso. Por conseguinte, o mercado irá certamente crescer ainda mais.

[22] Global Spa & Wellness Economy Monitor, Global Wellness Institute, Nova Iorque, 2014, p. 24, 11, 28

CAPÍTULO 3. ÂMBITO DO TURISMO DE ESTÂNCIAS TERMAIS NA REPÚBLICA DA ARMÉNIA

Como já foi referido, o turismo foi anunciado como o principal sector da economia da República da Arménia. Os objectivos da política governamental no domínio do turismo são determinados pela lei da República da Arménia "Sobre o turismo e as actividades turísticas" (2003) e pelo Plano de Desenvolvimento do Turismo (2008). O objetivo da política governamental no domínio do turismo é aumentar as contribuições do turismo para o fundo nacional, o desenvolvimento regional equilibrado, o aumento do nível de vida da população, bem como o processo de redução da pobreza, o que pode ser condicionado pela criação de oportunidades de emprego, pelo aumento do número de visitas de turistas e das receitas do turismo[23 24 24] . Na Arménia, o órgão da administração estatal no domínio do turismo é o Ministério da Economia. O departamento de turismo e desenvolvimento económico territorial do ministério é responsável pelo desenvolvimento e aplicação da política estatal no domínio do turismo.

Como mostra a figura abaixo, o número de turistas aumentou nos últimos anos.

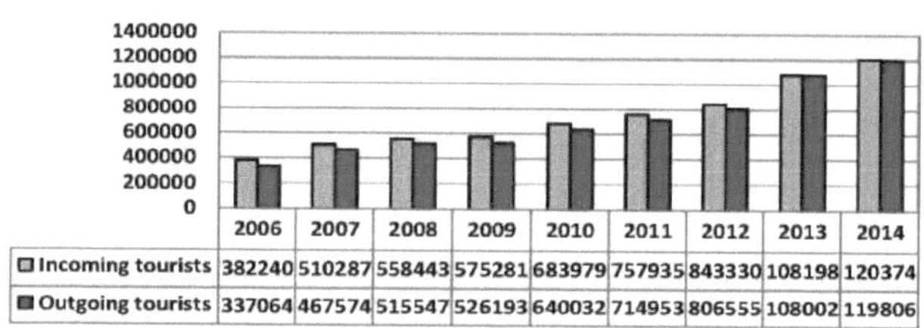

	2006	2007	2008	2009	2010	2011	2012	2013	2014
Incoming tourists	382240	510287	558443	575281	683979	757935	843330	108198	120374
Outgoing tourists	337064	467574	515547	526193	640032	714953	806555	108002	119806

Fig. 3. Entrada e saída de turistas da República da Arménia, anos 20062014[24]

Alguns índices turísticos são apresentados de forma correspondente:

* O número de turistas refere-se apenas aos turistas que ficaram alojados nas instalações do hotel

---

[23] Plano de Desenvolvimento do Turismo, 2008, p. 28, República da Arménia, (em arménio), http://mineconomy.am/uploades/conceptpaper.pdf

[24] Os dados baseiam-se na análise da situação socioeconómica da Arménia pelo Serviço Nacional de Estatística da República da Arménia para os anos 2007-2015, (em arménio), www.armstat.am

Period of time	2007, January-December	2008, January-December	2009, January-December	2010, January-December	2011, January-December	2012, January-December	2013, January-December	2014, January-December
Incoming tourists								
Tourists*	59211	70648	65638	70209	124113	136644	148730	164663
With the purpose of travelling:								
Business	22240	27064	25701	31171	36022	41172	47472	46485
Rest and leisure	11932	11379	13086	15010	27020	29093	40674	71695
Eucation	16	25	0	19	13	19	23	351
Health recovery	130	190	143	579	1187	618	558	679
Other	24893	31990	26708	23430	59868	65742	60003	45453

Fig. 4. Turistas que chegam com o objetivo de viajar, anos 2007-2014[25]

A figura 4 demonstra claramente que o número de turistas com objectivos de descanso e lazer, educação e recuperação da saúde aumentou.

Em 2014, o número de turistas nacionais na Arménia ascendeu a 859 703 (apenas 669 540 turistas em 2013), com fins predominantes de descanso e lazer, negócios e recuperação da saúde. (Fig.5)

* O número de turistas refere-se apenas aos turistas que ficaram alojados nas instalações do hotel

Period of time	2007, January-December	2008, January-December	2009, January-December	2010, January-December	2011, January-December	2012, January-December	2013, January-December	2014, January-December
Domestic tourists*	369005	447234	435674	456432	489419	514771	669540	859703
With the purpose of travelling:								
Business	93084	111361	103154	107104	114426	158655	156685	189465
Rest and leisure	183351	228984	229303	258872	312567	283513	381152	540375
Health recovery	42666	56352	54931	50362	29144	41889	59903	84133
Other	49905	50537	48286	40094	33282	30714	71800	45729

Fig. 5. Turistas nacionais com o objetivo de viajar, anos 2007-2014[26]

Em 2014, na RA, a contribuição total das viagens e do turismo para o PIB foi de

[25] Os dados baseiam-se na análise da situação socioeconómica da Arménia pelo Serviço Nacional de Estatística da República da Arménia para os anos 2007-2015, (em arménio), www.armstat.am

[26] Os dados baseiam-se na análise da situação socioeconómica da Arménia pelo Serviço Nacional de Estatística da República da Arménia para os anos 2007-2015, (em arménio), www.armstat.am

578,5 mil milhões de AMD (12,7% do PIB) e prevê-se que aumente para 710,3 mil milhões de AMD (9,5% do PIB) até 2025. Em 2014, a contribuição total das Viagens e Turismo para o emprego, incluindo os postos de trabalho indiretamente apoiados pela indústria, foi de 11,3% do emprego total (133.500 postos de trabalho). As exportações de visitantes geraram 379,6 mil milhões de AMD (30,8% do total das exportações) em 2014. O investimento no sector das viagens e turismo em 2014 foi de 32,8 mil milhões de AMD ou 3,5% do investimento total[27] . O número de instalações hoteleiras era de 229 na RA em 2013, incluindo hotéis, pousadas, resorts, casas de repouso, etc. A sua capacidade de alojamento era de 19004 lugares .[28]

Sem dúvida, a organização do turismo de estâncias termais baseia-se nos recursos naturais das estâncias. A Arménia tem uma grande capacidade de desenvolvimento do turismo de estâncias termais. O instituto de investigação científica do tratamento termal e da medicina física do Ministério da Saúde da RA diferenciou 10 estâncias na Arménia, todas elas com recursos naturais curáveis para o desenvolvimento do turismo termal (fontes termais de água mineral (mais de 200), lama e turfa curáveis, condições climáticas favoráveis para a terapia climática). Estas estâncias são: Arzni, Dilijan, Hankavan-Marmarik, Bjni-Arzakan-Aghveran, Tsagkhadzor, Stepanavan-Gyulagarak, Syunik, Lori, Sevan e Jermuk[29] . Estima-se que cerca de 22 milhões de litros de água mineral possam ser extraídos diariamente das nascentes de água mineral na Arménia .[30]

O turismo de estâncias termais na Arménia tem uma longa história de desenvolvimento. As fontes minerais de Arzni foram mencionadas pela primeira vez no século XV. O desenvolvimento da primeira estância termal da Arménia (Arzni) remonta a 1925, quando se iniciou a construção do edifício do sanatório. Mais tarde, foi construído um novo edifício para o banho de hidroterapia e o departamento de fisioterapia, os sanatórios N 1, 2, 3, 4 e a instituição médica preventiva.

A primeira descrição científica da água mineral de Jermuk (dados sobre a temperatura da água, composição química e teor de gás (débito)) foi feita pelo engenheiro e geólogo G. Voskoboynikov em 1831. Em 1940 foi concluída a construção do primeiro sanatório. A partir de 1950 começou uma nova fase de desenvolvimento da estância. Foram construídos novos sanatórios, hotéis e uma

[27] WTTC Travel & Tourism Economic Impact 2015, p. 1, www.wttc.org

[28] Statistical Yearbook of Armenia, 2014, Yerevan, p. 191, (em arménio), http://armstat.am/file/doc/99493628.pdf

[29] Harutyunyan, B. - Atlas, clima e recursos terapêuticos naturais da Arménia. Yerevan: STPM, 2010, p. 124-133, (em arménio)

[30] Estimativa da utilização de água mineral, 2011, http://www.tert.am/am/news/2011/09/07/jermuk/

fábrica de enchimento de água mineral[31] . Atualmente, existem 6 sanatórios na estância de Jermuk.

As principais zonas turísticas da Arménia e os seus principais recursos naturais curativos são

1. Estância balneológica de Arzni, cujos factores vitais para a saúde são as condições climatéricas paisagísticas confortáveis e as águas minerais medicinais,
2. Estância balneológica e climática de montanha de Dilijan, que oferece recursos terapêuticos essenciais, tais como condições climáticas favoráveis nas montanhas e nas florestas e águas minerais frias, carbonosas e curáveis,
3. A estância balneológica de Hankavan-Marmarik, cujas fontes medicinais fundamentais são as condições paisagísticas-climáticas confortáveis das montanhas altas, o ar fresco e rico em oxigénio, as águas minerais quentes e com dióxido de carbono,
4. A estância balneológica de Bjni - Arzakan - Aghveran, cujos factores centrais de restauração são o clima ameno favorável, a rica cobertura florestal, as fontes minerais de composição física, química e gasosa muito variada,
5. Stepanakert-Gyulagarak, estância balneológica climática de montanha, que oferece os principais componentes curativos, nomeadamente frio moderado, clima florestal, vegetação rica, bosques, ar puro, águas minerais com dióxido de carbono,
6. A estância climática de montanha de Tsakhkadzor, cujos elementos curativos específicos são o clima favorável das montanhas e das florestas, a existência de uma enorme cobertura florestal e de prados de montanha e uma elevada concentração de oxigénio no ar fresco,
7. Estância climática de montanha Syunik com o seu clima específico e favorável, águas minerais,
8. A zona balnear de Lori, que inclui um clima favorável de montanha-floresta, águas minerais, lamas curativas e turfa,
9. Estância turística do Lago Sevan, com as suas fantásticas condições paisagísticas e climáticas, águas minerais, lamas e turfas curativas,
10. Estância balneológica e climática de Jermuk, que inclui águas minerais de carvão quente e clima de floresta de alta montanha .[32]

Nos sanatórios arménios são tratadas muitas doenças, como as dos sistemas nervoso, urinário, ginecológico e respiratório, perturbações metabólicas, o primeiro e

[31] Harutyunyan, B. - Atlas, clima e recursos terapêuticos naturais da Arménia. Yerevan: STPM, 2010, p. 124-133, (em arménio)

[32] Harutyunyan, B. - Atlas, clima e recursos terapêuticos naturais da Arménia. Yerevan: STPM, 2010, p. 124-133, (em arménio)

segundo graus de hipertensão, aterosclerose dos vasos sanguíneos, irregularidades na circulação sanguínea cerebral, consequências de acidentes vasculares cerebrais, radiculite, asma brônquica, etc.

A empresa de consultoria Mckinsey estimou os activos turísticos intrínsecos da Arménia, entre os quais os activos de bem-estar são apresentados em .[33]

Resources	Uniqueness/ significance	Scale/quantity	Diversity/ richness of choice	Quality	Difficulty of commercialization
Wellness	*Medium to high – Armenia apparently is endowed with some unique spa resources (like diverse and compactly located radon water resources), combined with medicinal climate, but further study and classification of the resource base is required.*	*Medium to high – Potential capacity of the Armenia's spa and climatic resort conditions is difficult to evaluate due to data insufficiency.*	*Medium to high – Existing Armenian resorts offer treatment for a range of health issues. Further study and classification of the resource base is required in order to complete the full picture.*	*High – The medicinal effect of Armenia's wellness resources is considered high.*	*High – commercialization of the wellness assets requires very significant investments in infrastructure and brand building. Though the market is not highly commoditized, current competition is strong.*

Fig. 6. Principais activos turísticos intrínsecos da Arménia - bem-estar

De acordo com a empresa de consultoria Mckinsey, os activos turísticos podem ser classificados por ordem de prioridade com base na sua força e facilidade de comercialização[34] . Se avaliarmos os activos do turismo de estâncias termais da Arménia com base na avaliação de Mckinsey, eles aparecerão no trimestre "Futuras estrelas". Assim, podemos salientar que os activos turísticos dos balneários têm grandes possibilidades de serem desenvolvidos se forem feitos grandes investimentos.

[33] Armenia 2020 - Armenian tourism sector: growth potential and required action, Yerevan, 2005, p. 35
[34] Armenia 2020 - Armenian tourism sector: growth potential and required action, Yerevan, 2005, p. 39

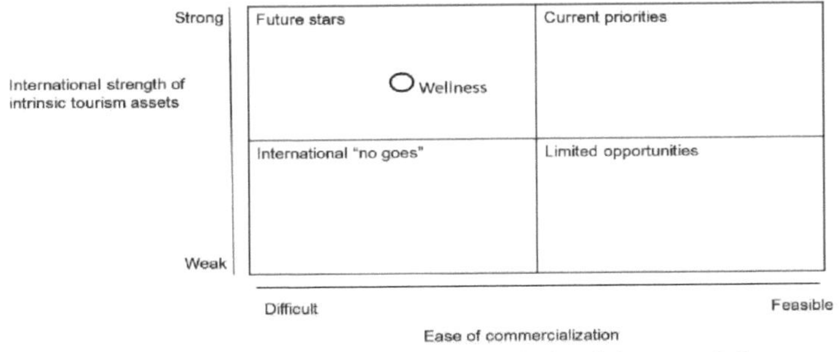

Fig. 7. A posição dos activos turísticos dos balneários arménios

Nos anos soviéticos, a Arménia era um grande centro regional de estâncias balneares, recebendo mais de 50.000 turistas de diferentes países da União Soviética. Mas com a transição para uma economia de mercado, o sistema de estâncias termais do país entrou em colapso. Devido à privatização dos sanatórios, o sistema operacional dos sanatórios foi destruído. Consequentemente, o número de turistas das estâncias diminuiu (especialmente durante a época da lei).

As estâncias arménias são certamente dignas de serem comparadas com estâncias mundialmente famosas e a Arménia tem a oportunidade de se tornar um famoso centro regional e internacional de turismo de estâncias devido às tradições significativas da Arménia no turismo de estâncias termais. A água de Jermuk é comparada com a água mineral curável de Karlovy Vari, na República Checa, e com a água de Zheleznovodsk, na Rússia. Os recursos naturais curáveis de Dilijan são comparados com as famosas estâncias de Borjomi, Abastuman, Kislovodsk, Esentuki e Pyatigorsk. Arzni é uma estância única na região para o tratamento de doenças cardíacas.

Infelizmente, não existem sanatórios em todas as estâncias. Existem apenas 14 sanatórios na Arménia, alguns dos quais não estão em boas condições e precisam de ser reconstruídos.

O desenvolvimento do turismo de estâncias termais continua a deparar-se com muitos problemas e obstáculos, tais como problemas financeiros, de comercialização, de investimento, estatísticas e legislação incompletas, etc. Por exemplo, o número de turistas de estâncias termais não é calculado separadamente do número de turistas, não existem planos estratégicos de desenvolvimento para este sector (os planos existentes ou anteriores foram mal aplicados ou não foram aplicados de todo), a Arménia não é apresentada como um país de turismo de estâncias termais no estrangeiro de forma adequada, etc. Por isso, devem ser tomadas várias medidas para desenvolver o turismo de estâncias termais na Arménia.

CAPÍTULO 4. PRINCIPAIS QUESTÕES DO DESENVOLVIMENTO DO TURISMO TERMAL NA RA

O desenvolvimento do sistema de estâncias termais é muito importante para a solução dos problemas de saúde das pessoas. Se as infra-estruturas das estâncias balneares da Arménia se desenvolverem, o número de turistas das estâncias balneares aumentará, uma vez que a Arménia possui maravilhosos recursos naturais restauradores que curam muitas doenças.

No entanto, existem muitos obstáculos à expansão do turismo de estâncias termais na Arménia. Aplicámos a análise SWOT para revelar e analisar os pontos fortes e fracos, as oportunidades e as ameaças do desenvolvimento do turismo de estâncias termais na Arménia, que são apresentados a seguir, e criar programas de promoção a longo prazo.

Pontos fortes

1. Existência de todos os recursos do resort em todas as 10 zonas do resort
2. Uma vasta lista de serviços de cuidados de saúde em spas
3. Peculiaridades do efeito do tratamento termal
4. A Arménia como região turística durante os anos soviéticos
5. Muitas fontes termais na Arménia são semelhantes às internacionais em termos de qualidade

Pontos fracos

1. Sazonalidade
2. Um número reduzido de sanatórios e a ausência de sanatórios em algumas zonas turísticas
3. Sanatórios com pouca carga durante a época baixa e funcionamento de alguns sanatórios apenas no verão
4. A construção da maioria dos sanatórios foi efectuada durante os anos soviéticos
5. Falta de investimentos na reconstrução dos antigos sanatórios e na construção de novos sanatórios
6. Baixo nível de atratividade do investimento no turismo de estâncias termais
7. Legislação não completa para a regulamentação do sector
8. Registo estatístico não completo da esfera
9. Inexistência de uma união (associação) de sanatórios
10. Não apresentação correta do país no estrangeiro como região turística

11. Preços elevados dos serviços das estâncias termais e impossibilidade de visitar os sanatórios para a população com baixos rendimentos e pouca disponibilidade de estâncias de repouso para a classe média
12. Baixo número de turistas de resort e baixa percentagem de turistas internacionais
13. Infra-estruturas não totalmente desenvolvidas
14. Poucas possibilidades de lazer nos sanatórios
15. Utilização irracional da capacidade de recurso da Arménia
16. Nem todas as agências de turismo vendem bilhetes para estâncias turísticas

Oportunidades

1. Aumento da imagem turística do país em termos de estâncias termais
2. Criação de legislação para a regulamentação da esfera, do processo e da implementação de programas de promoção do turismo de spa-resort
3. A possibilidade de reconstrução dos antigos sanatórios e de construção de novos sanatórios em caso de investimentos
4. Aumento das actividades de lazer nos sanatórios
5. Implementação do desempenho de marketing dentro e fora do país e, consequentemente, a possibilidade de aumentar o número de turistas do resort
6. A possibilidade de criar a associação de spas
7. A possibilidade de desenvolvimento de zonas de resort, complexos de resort e indústria de turismo de resort no país

Ameaças

1. Baixo nível de rendimento da população
2. Concorrência entre sanatórios
3. Diminuição do número de turistas das estâncias durante a época baixa
4. Diminuição do número de turistas devido à insuficiência de actividades de lazer
5. Ir de férias para o estrangeiro devido aos preços elevados dos sanatórios
6. Não é boa a influência que o baixo acesso à ligação à Internet pode implicar
7. Diminuição do número de turistas devido às más infra-estruturas (especialmente no inverno)

	Opportunities	Threats
Strengths	Taking into account the great potency for resort tourism development in Armenia, the existence of all resort resources in all resorts, broad list of all health care services and their positive effects it is necessary to create programs of spa-resort tourism development, legislation for regulation, to involve investments for reconstructing old sanatoriums and building new ones, to do marketing performance and create a spa union for increasing the image of resort tourism and the number of resort tourists.	Taking into account the fact that Armenia was a resort region during the Soviet years and the fact that the quality of Armenian hot springs are similar to international ones, we may state that in case of investing international development practice our sanatoriums might manage to compete with the best international ones.
Weaknesses	To regulate the marketing performance of the sphere by the new spa union, to make it available to the majority of population by decreasing the prices of resort services, to construct new sanatoriums, to increase the number of resort tourists and to solve the problem of low loaded sanatoriums.	It is necessary to increase leisure activities, develop infrastructures in order to increase the number of international resort tourists.

Fig. 8. Análise SWOT do desenvolvimento do turismo de spa-resort na Arménia

Realizámos um inquérito de marketing nos sanatórios, para o qual preparámos um questionário em arménio, russo, inglês e espanhol. Foram entrevistados 267 turistas de estâncias turísticas durante os anos 2010-2012, após o que descobrimos muitos inconvenientes nos sanatórios que impedem o desenvolvimento do turismo de estâncias turísticas na Arménia (o questionário e os resultados do inquérito estão anexados aos apêndices 1 e 2), tais como: baixo nível de serviço nos sanatórios, preços elevados, falta de investimentos para a reconstrução de sanatórios antigos e para a construção de novos, etc.

Assim, com base nos resultados do inquérito acima mencionado e da análise SWOT, podemos indicar os principais passos para o desenvolvimento da esfera do turismo de spa-resort:

1. melhorar a legislação relativa à regulamentação do domínio,
2. realizar investimentos para a construção de sanatórios,
3. para rever as estatísticas da esfera,
4. criar uma associação termal que represente e proteja os interesses dos sanatórios e realize programas de promoção,
5. reduzir os preços nos sanatórios, a fim de tornar os serviços acessíveis à população e aumentar o número de turistas,

6. alargar as actividades de lazer para tornar o descanso mais interessante,

7. melhorar o nível dos serviços e a qualidade da alimentação nos sanatórios,

8. realizar actividades de marketing para representar os sanatórios arménios no estrangeiro,

9. criar e invocar programas de desenvolvimento estratégico do turismo de estâncias termais, zonas de estâncias e complexo de estâncias arménias,

10. para melhorar as infra-estruturas,

11. analisar e investir nas melhores práticas internacionais de desenvolvimento do sector do turismo de estâncias termais.

Estas medidas promoverão o desenvolvimento do turismo de estâncias termais na Arménia:

- melhoria da saúde das pessoas,
- emprego em zonas turísticas,
- melhoria do bem-estar das pessoas,
- desenvolvimento de pequenas e médias empresas nas regiões como parte das infra-estruturas,
- aumento das receitas fiscais, etc.

CAPÍTULO 5. PRINCIPAIS ETAPAS DO DESENVOLVIMENTO DO TURISMO TERMAL NA RA

5.1. O Plano Conceptual de Desenvolvimento do Turismo de Spa-Resort na RA

Tendo em conta o facto de não existir um plano concetual (ou programas estratégicos) de desenvolvimento do turismo de estâncias termais na Arménia, sugerimos o seguinte, que inclui os principais objectivos, desvantagens e formas de as resolver. (Este plano é apresentado na Fig. 9).

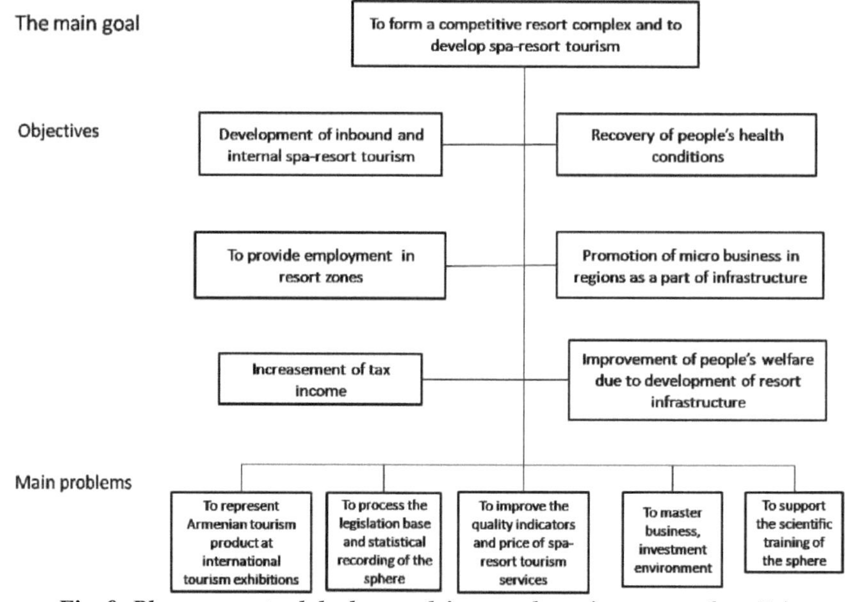

Fig. 9. Plano concetual de desenvolvimento do turismo termal na RA

Para resolver os problemas existentes na esfera, devem ser tomadas as seguintes medidas.

Main problems	Description of steps
To represent Armenian tourism product at international tourism exhibitions	• To participate at international tourism exhibitions and to present our resort tourism product • To enhance and implement advertising programs • To use electronic advertising tools
To process the legislation base and statistical recording of the sphere	• To improve the statistical recording of the sphere • To elaborate legislation base for the sphere regulation • To process development programs of the sphere and for each resort zone
To improve the quality indicators and price of spa-resort tourism services	• To increase the quality and level of spa services • To decrease the prices of spa-resort rest • To invest a flexible discount system to promote long-term rest
To master business. investment environment	• To involve investments for reconstruction of old sanatoriums. construction of new ones and for the development of infrastructures • To create a mechanism of revenue dispensing recieved from tourism for the expenditure of tourism development
To support the scientific training of the sphere	• to qualify specialists for the sphere development • to increase the scientific level of the sphere employees. to organize training courses

Fig. 10. Etapas necessárias para a concretização do plano concetual de desenvolvimento do turismo de sparesort na RA

Certamente, a aplicação das medidas acima mencionadas contribuirá para o alargamento do turismo de spa-resort na Arménia.

Além disso, propomo-nos aperfeiçoar a base legislativa do sector com a ajuda das seguintes leis:

- Lei sobre "Recursos naturais curáveis e zonas turísticas na Arménia", que regula a utilização, a gestão e a proteção das zonas turísticas e dos recursos naturais, define os princípios fundamentais da política estatal, da regulamentação económica e da cooperação internacional neste domínio, etc.
- Lei sobre "Turismo de estâncias termais e investimentos realizados neste domínio na Arménia", que regulamentará as relações neste domínio, definirá os principais conceitos, os princípios da política estatal, a política de investimentos e os privilégios dos investimentos, etc.

Para obter o efeito curativo desejado do repouso em estância, é necessário permanecer no sanatório durante pelo menos 14 dias. No entanto, as pessoas ficam menos tempo no sanatório devido aos preços elevados (que variam de 8.500 a 100.000 AMD por pessoa e por dia). O preço inclui alojamento, refeições 3 vezes por dia, alguns serviços médicos e varia consoante o tipo de quartos - standard, semilux e lux. De facto, uma pessoa deve pagar entre 119.000 e 1.400.000 AMD por 2 semanas (dependendo do sanatório em que fica e do tipo de quarto que prefere). É claro que o preço aumentará no caso de se acrescentarem alguns serviços médicos. Por conseguinte, este tipo de descanso está menos disponível para a classe média, porque o salário médio mensal é de 158 580,0 AMD na Arménia[35] . Assim, um residente com um salário mais baixo só pode "sonhar" com esse tipo de descanso.

Nos sanatórios arménios, todos os custos são divididos em três componentes: tratamento médico, alojamento e alimentação. Assim, o preço é determinado por estes três componentes mais a norma de rentabilidade. Ao tentar estimar o valor destes 3 componentes, obtém-se 5.000-7.000 AMD (o tratamento médico custa 2.000-3.000 AMD por dia, a alimentação custa 2.000-3.000 AMD por dia e o alojamento custa 1.000 AMD por dia, com base no inquérito efectuado nos sanatórios). Por conseguinte, o sanatório consome diariamente, em média, 5.000-7.000 AMD por pessoa (embora as nossas pesquisas baseadas na análise dos documentos financeiros dos sanatórios tenham mostrado que os sanatórios gastam menos por pessoa diariamente). No entanto, os preços na época baixa começam a partir de 8.500 AMD e na época alta de 15.000 a 100.000 AMD. Consequentemente, os preços podem ser fixados a partir de 6.500 AMD (para que um residente, que recebe um salário médio, possa ter um descanso de 14 dias). Para além disso, oferecemos um sistema de descontos flexível. Por exemplo, após um descanso de 7 dias, oferecemos 10% de desconto por dia e por pessoa (até ao dia 10th) e 20% de desconto (após o dia 11th). Tendo em conta o preço sugerido, eis o valor estimado de uma estadia de 14 dias de acordo com esta nova política de preços:

7*6,500 + 3 * (6,500-6,500* 10%) + 4* (6,500-6,500*20%) = = 45,500 + 3*5,850 + 4*5,200 = 45,500 + 17,550 + 20,800 = 83,850

Assim, depois de utilizar este sistema de desconto, o preço de um descanso de 14 dias custará 83 850 AMD (caso contrário, seria 14*6 500=91 000 AMD).

O novo sistema de descontos flexíveis pode ser suposto aumentar o número de turistas de estâncias turísticas. Evidentemente, no caso de os sanatórios utilizarem descontos familiares (por exemplo, 5% de desconto por pessoa se mais de 2 pessoas da

[35] Salário nominal médio mensal, Serviço Nacional de Estatística da RA, 2015, http://armstat.am/am/?nid=126&id=08001

mesma família tiverem um descanso), o número de turistas de estâncias turísticas também será promovido. O custo para as 3rd pessoas de uma família que efectua um repouso de 14 dias será composto por:

83,850 - 83,850*5% = 83,850 - 4,192.5 = 79,657.5 (>79,660)

Assim, o resto de uma família de 4 membros custará 327.020 AMD por 14 dias (apesar de 335.400 AMD (83.850*4=335.400) ou 364.000 AMD (91.000*4=364.000)).

83,850+83,850+79,660+79,660=327,020 AMD

O descanso de uma família de 4 membros durante 14 dias custa 476.000-5.600.000 (119.000*4=476.000 ou 1.400.000*4=5.600.000), mas com o novo sistema de descontos custaria apenas 327.020 AMD.

Atualmente, os sanatórios arménios têm descontos apenas para crianças pequenas. No entanto, um novo sistema de descontos flexíveis pode atrair mais turistas.

É indiscutível que os sanatórios trabalham sobrecarregados durante a época alta, pelo que os preços sobem imediatamente no verão. Com a construção de novos sanatórios, os preços não aumentarão demasiado no verão.

Assim, vale a pena afirmar que os preços diminuirão se forem construídos novos sanatórios em todas as estâncias da Arménia, o que pode reforçar a concorrência entre sanatórios e contribuir para a melhoria contínua e a expansão da qualidade dos serviços das estâncias e para o desenvolvimento do turismo de estâncias termais na Arménia.

Para o reforço do turismo de estâncias termais é fundamental a preparação de pessoal científico. É de notar que algumas das universidades da Arménia formam especialistas em gestão do turismo. Destacando o papel e o significado do turismo em estâncias termais no sistema turístico da Arménia e a sua importância social e sanitária para o país, as universidades precisam de criar uma profissão de turista de estâncias termais, cujos especialistas adquiram conhecimentos profundos e competências práticas na indústria do turismo em estâncias termais para a promoção do turismo em estâncias termais na Arménia.

5.2. A criação da "Associação das Termas da Arménia" como meio para o desenvolvimento do turismo de estâncias termais na RA

A Arménia tem fortes possibilidades de desenvolvimento do turismo de spa-resort. Existem 10 zonas de estâncias no país, apenas 14 sanatórios com recursos naturais curativos, tais como água mineral, lama curativa, relva e boas condições para a terapia climática. No entanto, a potência não é plenamente praticada. Especificamente, é necessário afirmar que não existem sanatórios em todas as zonas turísticas e nem todos os existentes estão em condições favoráveis.

Como já foi referido, o desenvolvimento do turismo termal na Arménia continua a deparar-se com muitas dificuldades: é necessário melhorar o desempenho da comercialização, o registo estatístico, a base legislativa e o sistema de gestão do sector. Embora os sanatórios sejam privados, constituem uma parte do sistema de estâncias termais do país, o que exige uma abordagem integrada para a solução dos problemas.

Durante os anos soviéticos, existia um conselho de resorts que se ocupava das questões de marketing e de reforço dos sanatórios. Mas após o colapso da União Soviética, o conselho deixou de funcionar e foi transferido para fora do recinto.

Atualmente, a principal necessidade é a formação de uma associação que apresente soluções para eliminar os inconvenientes. Atualmente, muitos países possuem associações termais que promovem o desenvolvimento da indústria termal, lidam com questões de desempenho de marketing e de gestão de pessoal e fornecem serviços termais de alta qualidade.

Além disso, a ISPA e a ESPA também se ocupam de questões relacionadas com o desenvolvimento do sector termal. Desde 1991, a International SPA Association é reconhecida mundialmente como uma organização profissional e a voz do sector das termas, representando instalações e fornecedores de saúde e bem-estar em mais de 70 países. A missão da ISPA é: A ISPA faz progredir o sector das termas, proporcionando oportunidades inestimáveis de formação e de trabalho em rede, promovendo o valor da experiência das termas e falando como a voz autorizada para fomentar o profissionalismo e o crescimento. A visão da ISPA é: Ser o líder na promoção e melhoria do bem-estar da indústria termal e das pessoas que serve .[36]

A Associação Europeia de Spas é uma organização do sector que representa 20 membros de 19 países europeus. O objetivo global da Associação Europeia de Termas é promover as termas e a balneologia na Europa e garantir que os remédios naturais baseados na água mineral, na paisagem e no clima estejam disponíveis para o maior número possível de cidadãos e visitantes .[37]

A criação de uma organização sem fins lucrativos "Armenian spa association" na Arménia é inevitável. A sua missão deve ser contribuir para a promoção da qualidade dos serviços de spa-resort, da competitividade dos sanatórios nos mercados internacional e nacional e reforçar as relações entre os sanatórios.

Os principais objectivos da associação devem ser

[36] ISPA. (2008) Sobre o ISPA, http://www.experienceispa.com/about-ispa/

[37] ESPA. (2015) Associação Europeia de Spas, http://www.espa-ehv.eu/

- administrar a promoção dos sanatórios a nível nacional e internacional,
- contribuir para a promoção do turismo em estâncias termais,
- melhorar as competências profissionais dos especialistas,
- para proporcionar o desenvolvimento das tecnologias da informação,
- implementar um desempenho de marketing para o desenvolvimento,
- organizar um aumento da qualidade dos serviços de spa.

A gestão da associação deve ter a seguinte estrutura (Fig. 11).

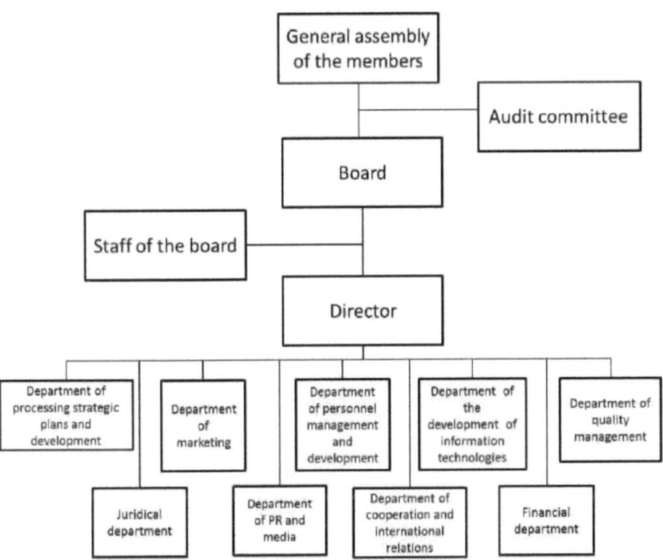

Fig. 11. A estrutura de gestão da associação termal
Fonte: Processado e oferecido pelo autor

As funções dos principais serviços devem ser as seguintes

- O departamento de processamento de planos estratégicos e de desenvolvimento deve aperfeiçoar e implementar programas de crescimento a longo prazo para os sanatórios, reforçar as relações entre os sanatórios, participar no processamento da legislação e dos actos normativos, contribuir para a aplicação do registo estatístico da esfera.
- O departamento de marketing deve contribuir para a melhoria das actividades de marketing dos sanatórios, realizar actividades de marketing, publicidade e outras actividades promocionais para o desenvolvimento do turismo de estâncias termais, tais como a formação de uma imagem positiva da esfera, fornecendo informações

completas sobre as zonas de estâncias termais e spas da Arménia, os seus preços no seu sítio Web e representando a indústria do turismo de estâncias termais da Arménia em exposições internacionais de turismo.

- O departamento de gestão e desenvolvimento do pessoal deve participar na aplicação e na realização de programas de formação do pessoal de gestão do turismo das estâncias termais, organizar cursos, seminários e conferências para melhorar a qualificação profissional do pessoal.
- O departamento de desenvolvimento das tecnologias da informação deve apoiar o investimento em tecnologias e métodos avançados (incluindo novos equipamentos médicos), a fim de aumentar a eficiência e melhorar os serviços prestados aos clientes.
- O departamento de gestão da qualidade deve contribuir para a maximização da qualidade dos serviços turísticos dos balneários termais e para a sua adaptação às normas internacionais.
- O departamento de cooperação e relações internacionais deve estabelecer uma parceria com os órgãos estatais de gestão do turismo, organizações e associações de âmbito nacional e contribuir para a integração da indústria termal da Arménia na indústria termal internacional.
- O serviço financeiro deve assegurar a gestão e a distribuição dos fluxos financeiros entre os serviços competentes, a fim de exercer as suas funções.
- O departamento jurídico deve apresentar e apoiar os interesses dos spas arménios a nível nacional e internacional.
- O departamento de relações públicas e comunicação social deve estabelecer uma ligação com as partes interessadas e com o público e desempenhar funções informativas.

O financiamento deve incluir taxas de adesão e de entrada, donativos e receitas provenientes de outras fontes. Os membros da associação devem ser sanatórios em regime de voluntariado, uma vez que o objetivo da união deve ser aceite para promover a competitividade e a eficiência das suas actividades. Um inquérito realizado nos sanatórios comprovou a disponibilidade e a vontade do pessoal de gestão para criar esta associação, que conseguirá proporcionar o efeito de sinergia aos sanatórios.

A associação termal arménia pode ajudar a recolher informações estatísticas dos sanatórios; pode apresentar a Arménia como um país de estâncias turísticas no mundo e apresentar as estâncias turísticas arménias, recursos, spas e serviços, preços no website, cooperar com os órgãos estatais para processar e implementar programas de desenvolvimento da esfera.

Assim, em caso de realização dos objectivos acima mencionados, a associação poderá apoiar o domínio do turismo de estâncias termais de acordo com a prática internacional.

Conclusão

O turismo de estâncias termais, sendo um fenómeno global, tem uma história de desenvolvimento muito antiga. Cada vez mais floresce. Devido aos novos serviços que oferece, a procura de turismo em estâncias termais e o número de turistas continuam a aumentar em todo o mundo.

A Arménia também tem uma história rica e potencial para o desenvolvimento do turismo de estâncias termais. Existem 10 estâncias no país, todas elas com recursos naturais curativos (água mineral, lama curativa, condições climáticas favoráveis para o tratamento em estâncias termais). As estâncias arménias são dignas de serem comparadas com estâncias mundialmente famosas e a Arménia pode tornar-se um importante centro regional e internacional de turismo de estâncias devido às grandes tradições da Arménia em matéria de turismo de estâncias termais. Durante os anos soviéticos, mais de 50.000 turistas de estâncias turísticas visitaram a Arménia. A água de Jermuk é comparada com a água mineral curável de Karlovy Vari, na República Checa, e com a água de Zheleznovodsk, na Rússia. Os recursos naturais curativos de Dilijan são comparados com as famosas estâncias de Borjomi, Abastuman, Kislovodsk, Esentuki, Pyatigorsk. Arzni é uma estância única na região, notável pelo tratamento de doenças cardíacas. No entanto, atualmente, o número total de visitantes diminuiu, não existem sanatórios em todas as estâncias, os sanatórios não funcionam com a sua capacidade total e nem todos os sanatórios têm boas condições; alguns deles precisam de ser reconstruídos.

O desenvolvimento do turismo de estâncias termais continua a deparar-se com várias dificuldades e obstáculos, tais como problemas financeiros, de marketing, de investimento, falta de estatísticas e de legislação neste domínio, etc. Como resultado da análise que efectuámos, vale a pena indicar os principais passos para fazer avançar o sector do turismo de estâncias termais:

1. melhorar as estatísticas e desenvolver legislação para regulamentar o sector
2. realizar investimentos para a reconstrução dos antigos sanatórios e para a construção de novos,
3. passar a utilizar um sistema de descontos flexível, a fim de tornar os serviços acessíveis ao maior número possível de pessoas e aumentar assim o número de turistas,
4. reformar o nível dos serviços e a qualidade da alimentação nos sanatórios,
5. realizar actividades de marketing para apresentar os sanatórios arménios no estrangeiro e aumentar o número de turistas das estâncias,

6. criar e realizar programas de desenvolvimento do turismo de estâncias termais,

7. criar uma associação termal arménia que contribuirá para a promoção do turismo termal na Arménia.

Estas medidas podem contribuir para o desenvolvimento do turismo de estâncias termais na Arménia, de acordo com o nível do turismo internacional.

Referência

1. Académico, 2004, Balneologia, Disponível em: http ://dic. academic.ru/dic.nsf/ dic_economic_law/7163/%D0%9A%D0%A3 %D0%A0%D0%9E%D0%A0%D0%A2%D0%9D%D0%9E%D0%95#
2. Académico, 2011, Sanatório. Disponível em: http://medicine.academic.ru/43078/sanatorium
3. Armenia 2020 - Armenian tourism sector: growth potential and required action, 2005, Yerevan, p. 35, 39
4. Salário nominal médio mensal, Serviço Nacional de Estatística da RA, 2015, Disponível em: http://armstat.am/am/?nid=126&id=08001
5. Babkin, A., 2008, Tipos especiais de turismo, Tutorial. Rostov-Na-Donu: Pheniks, p. 42 (em russo)
6. Bogolyubov, V.S., 2005, Economics of tourism, Academia publishing, p. 67 (em russo)
7. Dicionário, 2016, Resort, Disponível a partir de : http://dictionary.reference.com/browse/resort
8. ESPA, 2015, Associação Europeia de Spas. Disponível em: http://www.espa-ehv.eu/
9. Global Spa & Wellness Economy Monitor, 2014, Global Wellness Institute, Nova Iorque, p. 11, 24, 28
10. Cimeira Mundial do Bem-Estar. 2015, Estatísticas e Factos da Indústria. Disponível em: http://www.globalwellnesssummit.com/industry-resource/industry-statistics-and-facts
11. Harutyunyan, B., 2010, Atlas, clima e recursos terapêuticos naturais da Arménia. Yerevan: STPM, p. 124-133, (em arménio)
12. International Tourist Arrivals, 2014, Disponível em: http://stats.areppim.com/stats/stats_ita.htm
13. ISPA, 2008, About ISPA. Disponível em: http://www.experienceispa.com/about-ispa/
14. Juravleva, L.B., 2008, Health resorts and balneology basics, Sochi, p. 3336 (em russo)
15. Kabushkin, N.E., 1999, Gestão do Turismo, Tutorial, BGEU, p. 11 (em russo)
16. Declaração de Manila sobre o Turismo Mundial, 1980, p. 1, Disponível em: http://www.univeur.org/cuebc/downloads/PDF%20carte/65.%20Manila.PD F

17. Mineral water usage estimation, 2011, (em arménio) Disponível em: http://www.tert.am/am/news/2011/09/07/jermuk/
18. Mais de 1,1 mil milhões de turistas viajaram para o estrangeiro em 2014, UNWTO, 2014, Disponível em: http://media.unwto.org/press-release/2015-01-27/over-11-billion-tourists-travelled-abroad-2014
19. Socio-Economic Situation of RA, 2015, p. 1, Serviço Nacional de Estatística da República da Arménia, (em arménio), Disponível em: http ://armstat.am/file/article/sv_01_15a_421.pdf
20. Statistical Yearbook of Armenia, 2014, Yerevan, p. 191, (em arménio), Disponível em: http://armstat.am/file/doc/99493628.pdf
21. Szromek, A., Januszewska, M., Romaniuk, P., 2012, Demographic Phenomena and Demand for Health Tourism Services Correlated in Poland. American Journal of Tourism Management. Rosemead: Scientific & Academic Publishing, 1(1), , p. 11
22. Os dados baseiam-se na análise da situação socioeconómica da Arménia pelo Serviço Nacional de Estatística da República da Arménia para 20072015 anos, (em arménio), disponível em: www.armstat.am
23. Lei da República da Arménia "Sobre o turismo e as actividades turísticas", artigo 2.º, 2003 (em arménio)
24. Plano de Desenvolvimento do Turismo, 2008, p. 28, República da Arménia, (em Arménio) Disponível em: http://mineconomy.am/uploades/conceptpaper.pdf
25. Tovmasyan G., The Managament System and the Conceptual Basis for the Development of SPA-Resort Tourism in the RA, 2013, Messenger of Armenian State University of Economics, 3(31), p. 86-98, (em arménio)
26. Tovmasyan G., Price analysis in spa-resort tourism sphere, Boletim da Universidade Nacional Agrária da Arménia 2012, 3, p. 122-125
27. Tovmasyan G., Análise SWOT do desenvolvimento do turismo de spa-resort na Arménia, Материалы I международной научно-практической конференции "Актуальные проблемы обеспечения устойчивого экономического и социального развития регионов" / НИЦ "АПРОБАЦИЯ". Москва, 2012, p. 23-27
28. TovmasyanG ., Os principais caminhos of spa-resort tourism development in Armenia, Advances in Business- Related Scientific Research Conference - ABSRC 2014, Veneza, Itália, 26-28 de março de 2014; Piran: Gea College - Faculdade de Empreendedorismo, 2014

29. Tovmasyan G., The creation of a spa association as a way of spa-resort tourism development in the Republic of Armenia, Conference proceedings- 17th International Academic Conference, Vienna, Austria, International Institute of Social and Economic Sciences (IISES), 2015, p. 551-557
30. UnderstandingTourism : Glossário básico, Disponível em: http://www.unwto.org/pdf/Understanding_Tourism-BasicGlossary_EN.pdf
31. UNWTO Tourism Highlights, edição de 2015, p. 5, Disponível em: www.unwto.org
32. Vetitnev, A.M., 2006, Balneologia, Tutorial, KNORUS, p. 13 (em russo)
33. WTTC Travel & Tourism Economic Impact 2015, p. 1, Disponível em: www.wttc.org

Apêndice

Apêndice 1. O questionário sobre o turismo de estâncias termais

1. Nome, apelido, idade, nacionalidade, residência

2. Género:
□ Masculino
□ Feminino

3. Educação
□ Mais alto
□ Ensino técnico
□ Secundário
□ Outros ______________________________

4. Nível de rendimento
□ até 250$
□ 250-550
□ 550-800
□ 800-1000
□ 1000$ - mais

5. Está aqui
□ Para tratamento médico
□ Para descansar
□ Outros ____________________________

6. Quantas vezes visitou este sanatório (spa)?
□ Nunca antes
□vezes

7. Porque é que escolheram este sanatório?
□ Vim cá antes
□ Os meus amigos aconselharam-me

- □ Devido aos seus recursos médicos naturais
- □ Outros________________________________

8. Quanto tempo vai ficar neste spa-resort? dias

9. Como é que avalia as condições do sanatório?
- □ Excelente
- □ Acima da média
- □ Média
- □ Abaixo da média
- □ Mau

10. Como classifica o nível de serviço?
- □ Excelente
- □ Acima da média
- □ Média
- □ Abaixo da média
- □ Mau

11. Como é que avalia a qualidade dos serviços médicos?
- □ Excelente
- □ Acima da média
- □ Média
- □ Abaixo da média
- □ Mau

12. Como é que avalia as competências profissionais do pessoal médico?
- □ Excelente
- □ Acima da média
- □ Média
- □ Abaixo da média
- □ Mau

13. Como avalia a qualidade da alimentação fornecida no sanatório?
- □ Excelente
- □ Acima da média

□ Média
□ Abaixo da média
□ Mau

14. Como avalia o seu tempo de lazer no sanatório?
□ Excelente
□ Bom
□ Normal
□ Mau
□ Outros_______________________________

15. Que tipo de queixas de saúde tinha?
□ Digerir
□ Sistema cardiovascular
□ Sistema respiratório
□ Sistema nervoso
□ Outros_______________________________

16. Como é que se atribui o resultado do tratamento?
□ Excelente
□ Bom
□ Normal
□ Mau
□ Outros___________________________

17. Como é que considera a taxa de inscrição num sanatório?
□ Demasiado elevado
□ Elevado
□ Normal
□ Baixa
□ Outros____________________________________

18. Se possível, voltará a visitar este sanatório?
□ Sim
□ Não
□ Talvez

□ Não sei

□ Outros________________________________

19. Onde é que arranjou os bilhetes para a digressão?

□ Agências de turismo

□ A estância termal

□ ________________________________

20. Que sugestões tem para melhorar o descanso e o tratamento médico no sanatório?

□ Não tenho

□ ____

Apêndice 2. Resultados do inquérito

1. Idade média dos participantes no inquérito

Age group	Share in total (%)
Up to 30 years old	15%
31-45	24%
45-60	32%
Older than 60 years old	29%

2. Residência dos participantes no inquérito

Residence of living	**Share in total(%)**
The Republic of Armenia	67%
Other countries	33%

3. O sexo dos participantes no inquérito

Sex	**Share in total (%)**
Male	40%
Female	60%

4. Nível de escolaridade dos participantes no inquérito

Education	**Share in total (%)**
Higher	73%
Technical education	18%
Secondary	9%

5. Nível de rendimento dos participantes no inquérito

Revenue level	**Share in total (%)**
Until 100000 AMD	38%
100000-200000 AMD	17%
200000-300000 AMD	17%
300000-400000 AMD	10%
Up to 400000 AMD	18%

6. Objetivo da visita ao spa-resort dos participantes no inquérito

Purpose for visiting spa-resort	Share in total (%)
Rest	22%
Health treatment	50%
Rest and treatment	28%

7. A visita dos participantes no inquérito à estância termal antes de

Visit before	Share in total (%)
Have visited the same sanatorium before	70%
Have never visited the same sanatorium before	30%

8. As razões da escolha do sanatório do participante no inquérito

The reasons of choosing the sanatorium	Share in total (%)
Due to its natural medical resources	37%
By a friend's advise	27%
Due to a visit before	30%
Other reasons	6%

9. Dia médio de repouso no spa-resort

Average day of spa-resort rest	9.9 days
In Jermuk and Dilijan	10.25 days
In Arzni In Hanqavan	11.4 days 7 days

10. Condições dos sanatórios

Conditions of sanatoriums	Share in total (%)
Excellent	35 %
Above Average	22 %
Average	32 %
Below Average	11 %
Bad	0 %

11. *O nível de serviço nas estâncias termais*

The level of service in spa-resorts	Share in total (%)
Excellent	38 %
Above Average	30 %
Average	28 %
Below Average	4 %
Bad	0 %

12. *A qualidade dos serviços médicos*

The quality of medical services	Share in total (%)
Excellent	40 %
Above Average	26 %
Average	27 %
Below Average	4 %
Bad	3 %

13. *As competências do pessoal médico*

The skills of medical staff	Share in total (%)
Excellent	45 %
Above Average	28 %
Average	22 %
Below Average	3 %
Bad	2 %

14. *A qualidade da alimentação fornecida no sanatório*

The quality of food provided at the sanatorium	Share in total (%)
Excellent	45 %
Above Average	27 %
Average	26 %
Below Average	1 %
Bad	1 %

15. Lazer no sanatório

Leisure at the sanatorium	Share in total (%)
Excellent	25 %
Good	35 %
Normal	39 %
Bad	1 %
Other	0 %

16. Tipos de queixas de saúde

Types of health complaints	Share in total (%)
Cardiovascular system	11 %
Nervous system	14 %
Digestive system	13 %
Locomotor system	11 %
Respiratory system	6 %
Cardiovascular and nervous system	7 %
Digestive and respiratory system	2 %
Digestive and locomotor system	7 %
Digestive and nervous system	7 %
Digestive and cardiovascular system	6 %
Cardiovascular, digestive and nervous system	6 %
Other	10 %

17. Resultados do tratamento de acordo com os participantes no inquérito

The treatment results	Share in total (%)
Excellent	15 %
Good	34 %
Normal	39 %
Bad	10 %
Other	2 %

18. Os preços nas estâncias termais segundo os participantes no inquérito

The prices in spa-resorts	Share in total (%)
Too high	24 %
High	46 %
Normal	30 %
Low	0 %
Other	0 %

19.*A possibilidade de os participantes no inquérito voltarem a visitar o mesmo sanatório*

The possibility of visiting again	Share in total (%)
Yes	78 %
No	3 %
Maybe	11 %
I do not know	8 %
Other	0 %

20. *Os participantes no inquérito obtiveram os bilhetes em*

Survey participants got the tickets from	Share in total (%)
The spa-resort	84 %
Travel agencies	10 %
Other	6 %

21.**Sugestões para melhorar o repouso e o tratamento médico no sanatório**

Suggestions to improve the rest and medical treatment at the sanatorium	Share in total (%)
I don't have any	20 %
To decrease the prices	50 %
Other: To broaden leisure activities for active rest. To renew the medical equipment. To improve the quality of services and food. To improve the skills of the medical staff To reconstruct and renew the buildings of the sanatoriums	30 %

Printed by Books on Demand GmbH, Norderstedt / Germany